Alligator

Bear

Cat

Dog

Elephant

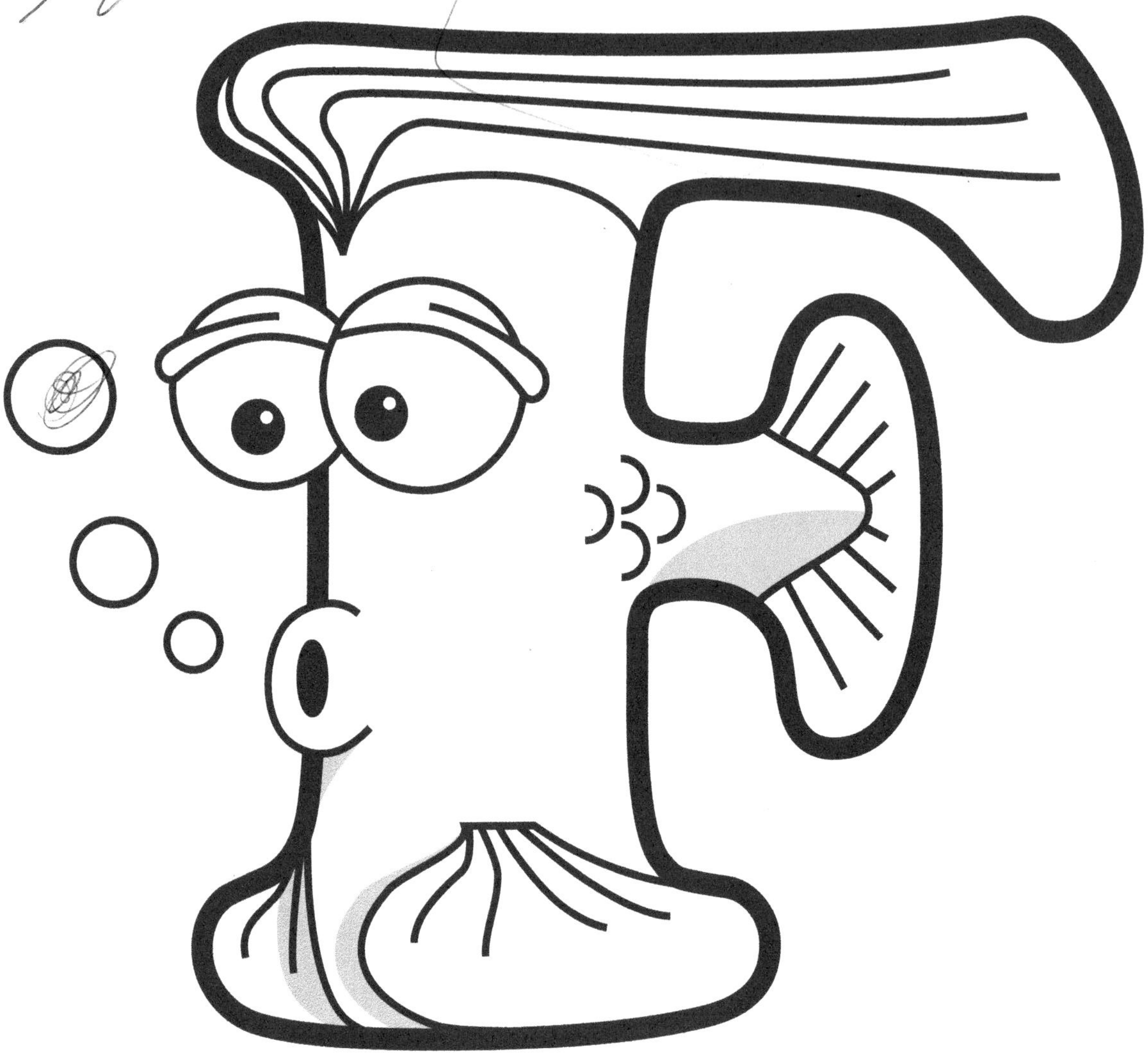

Fish

Giraffe

Horse

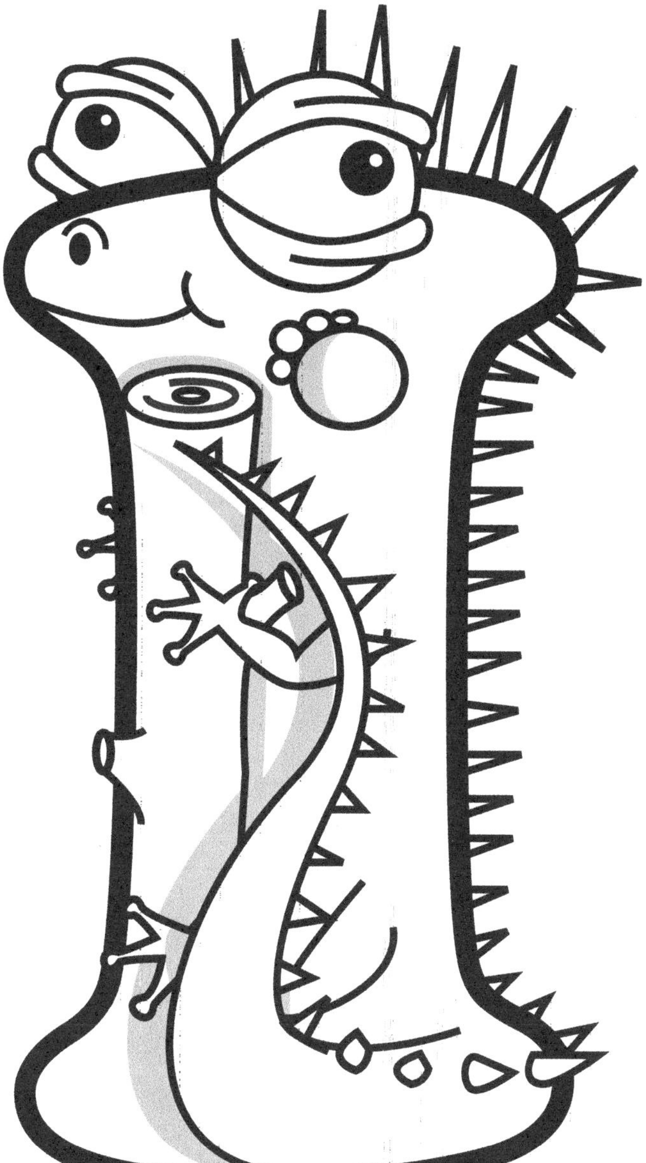

Iguana

Jaguar

Kangaroo

Lion

Monkey

Newt

Octopus

Platypus

Quail

Raccoon

Snake

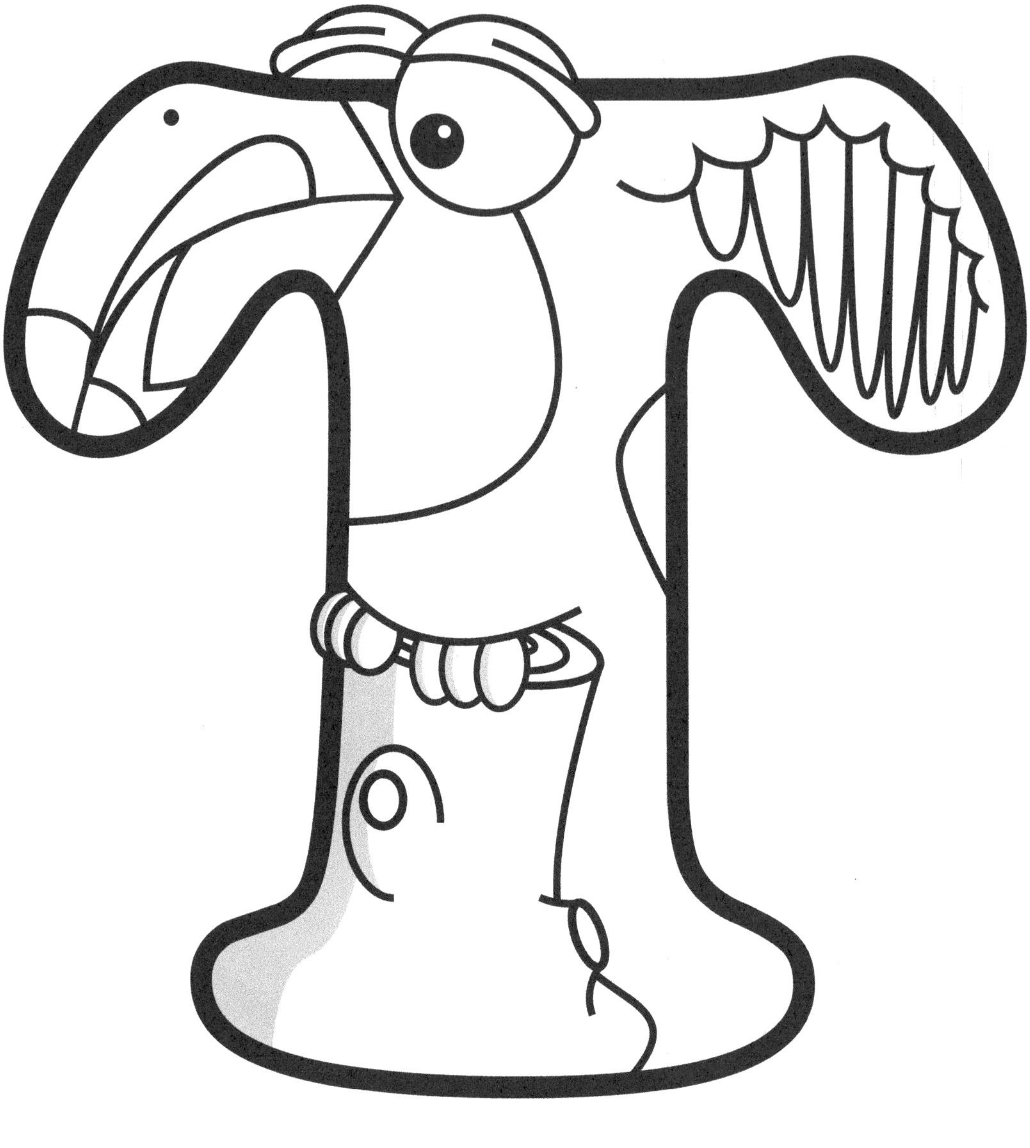

Toucan

Urial

Vulture

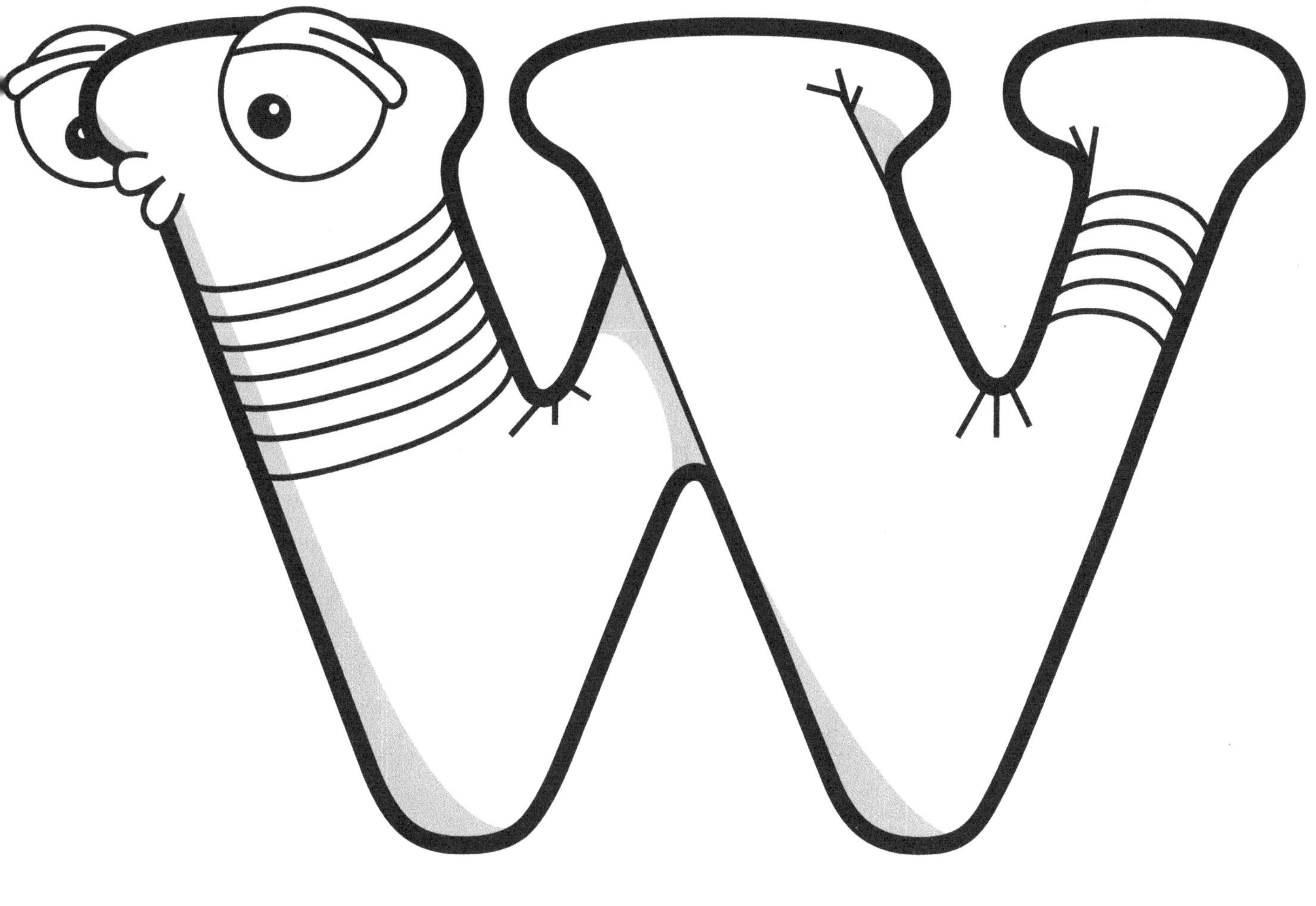

Worm

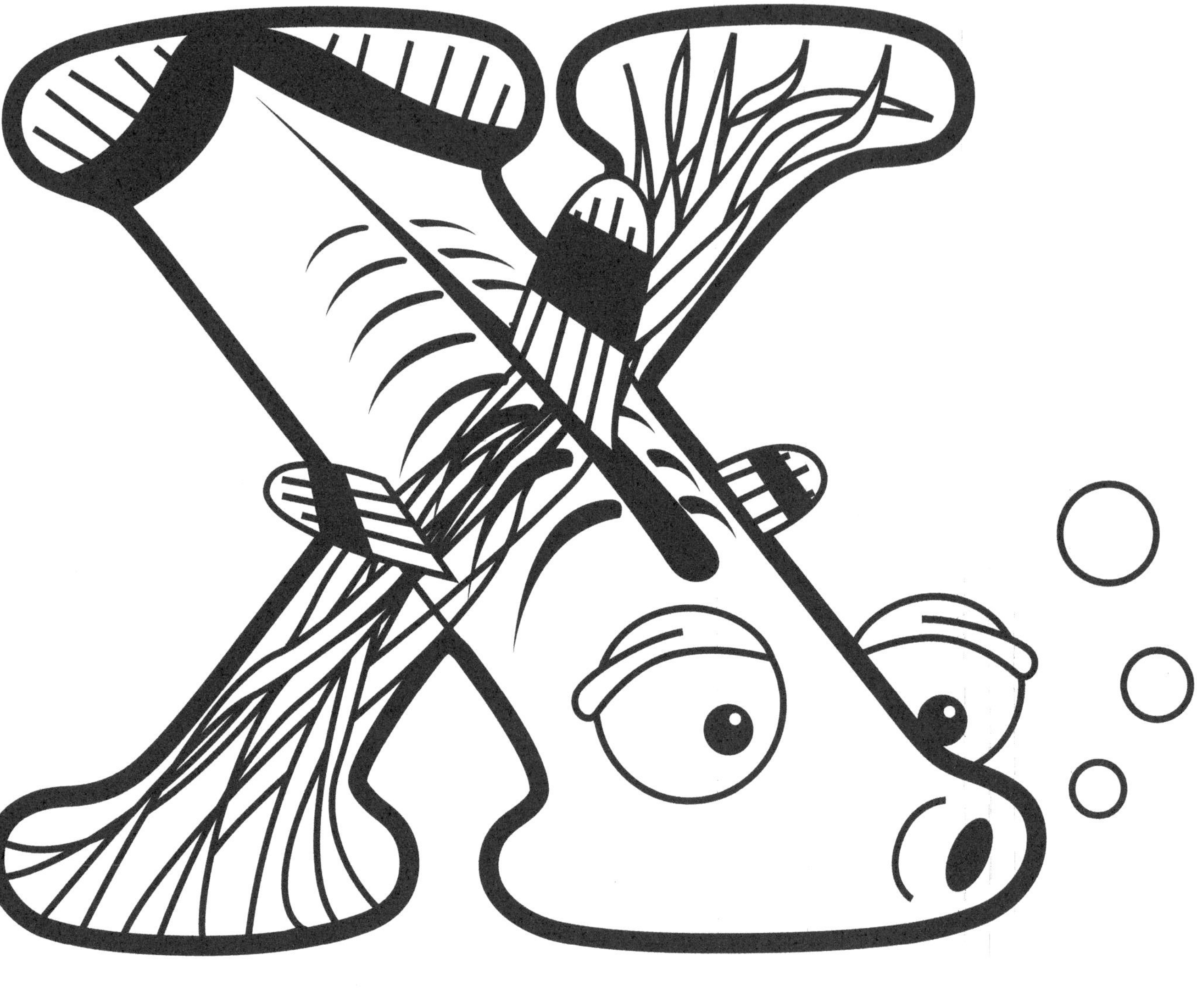

X-ray fish

Yak

Zebra

A B C
D E F
G H I J
K L M

N O P
Q R S T
U V W
X Y Z